Dieses Buch gehört:

_____

Sei lieb zu diesem Buch!

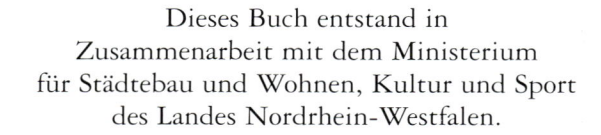

Dieses Buch entstand in
Zusammenarbeit mit dem Ministerium
für Städtebau und Wohnen, Kultur und Sport
des Landes Nordrhein-Westfalen.

5 4 3 2 1

ISBN 3-8157-2258-6
© 2001 Coppenrath Verlag, Münster
Alle Rechte vorbehalten, auch auszugsweise
Printed in Italy

Barbara Zoschke

Spiel & Spaß
in alten Mauern

Bilder von Petra Theissen

COPPENRATH VERLAG

„Tschüss, Papa", ruft Paula durch die Glastür hindurch. Ihr Atem bleibt als Nebel an der Scheibe kleben. Papa winkt ihr eilig zu. Wenn ich groß bin, denkt Paula, dann renne ich auch so die Treppen runter, dass es aussieht als könnte ich fliegen.
„Hallo, Paula", hört Paula eine Stimme hinter sich.
Paula freut sich. Es ist Jurek, Paulas bester Freund.
„Spielen wir Kaufladen?", fragt Jurek. Er kniet sich in die Ecke mit den vielen Körben, Schachteln und Dosen. Paula nickt. Sie weiß schon, was sie heute kaufen will.

"Ich hätte gern einen Ball", sagt sie und denkt dabei an den feuerroten Gummiball, den Jurek immer in der Hosentasche hat. "Bälle haben wir nicht", sagt Jurek und sieht sich bedauernd im Kaufladen um. "Möchten Sie vielleicht Waschpulver kaufen?"

Paulas Lippen werden schmal. "Doch! Sie haben wohl Bälle."

Jurek drückt erschrocken die Hand auf seine Hosentasche.

"Der spielt nicht mit!", sagt er laut.

"Doch. Ich will das aber", sagt Paula und klettert durch das Regal. Sie versucht Jurek den Ball fortzunehmen. Da passiert es.

Der feuerrote Gummiball fliegt in hohem Bogen aus Jureks Hosentasche. Springt gegen die Decke, hopst an die Wand, hüpft über den Fußboden und rollt geräuschlos zur Tür hinaus.
Paula und Jurek schauen sich erschrocken an.
„Mein Flummi", sagt Jurek traurig.
„Los, komm!", sagt Paula und zieht Jurek hinter sich her zur Tür hinaus.
„Dein Flummi ist bestimmt die Treppe hinuntergesprungen."
Eilig laufen die Kinder die Treppe hinunter. Vor einer Eisentür machen sie Halt. Paula lugt durch den schmalen Spalt, den die Tür offen steht.
„Vielleicht ist er hier hineingerollt?", vermutet Paula.

Sie schiebt die schwere, graue Tür auf. Modriger Geruch dringt zu den Kindern, als sich die Tür quietschend öffnet.
„Das dürfen wir nicht", sagt Jurek leise. Er möchte lieber zurück in den Kindergarten. Der dunkle Raum hinter der schweren Tür macht ihm Angst.
„Und dein Ball?", fragt Paula, fasst Jurek an der Hand und zieht ihn mit hinein.

„Ich kann nichts sehen", sagt Jurek. „Ich auch nicht",
antwortet Paula. Sie tastet sich an den Wänden entlang,
die sich nackt und rau anfühlen. Langsam gewöhnen sich die Augen
der Kinder an das fahle Licht, das durch die mit Brettern vernagelten
Fenster dringt.
Jurek stößt an einen langen Tisch. „Aua", sagt er leise. Dann fällt sein Blick
auf das große, schwarze Ding direkt vor ihm. „Guck mal", sagt er. „Das ist ja
eine richtige Kasse."
„Die ist aber alt", staunt Paula.
„Ich glaube, hier ist alles alt", sagt Jurek.
Da entdeckt Paula eine dicke, runde Säule, die mitten im Raum steht und
vom Boden bis zur Decke reicht. Hat es da nicht eben rot aufgeblitzt?
Plötzlich sagt eine Stimme: „Was sucht ihr denn, wenn ich fragen darf?"
Paula und Jurek stockt der Atem. Sie stehen still und stumm vor Schreck.
Wer spricht da? Etwa ein Gespenst?
Jurek fasst Paula am Arm. „Lass uns wieder gehen, bitte", sagt er leise.
„Hier spukt's!"
Da lacht die helle Mädchenstimme.
„Ach nein, habt doch keine Angst.
Ich freue mich so sehr euch zu sehen!"

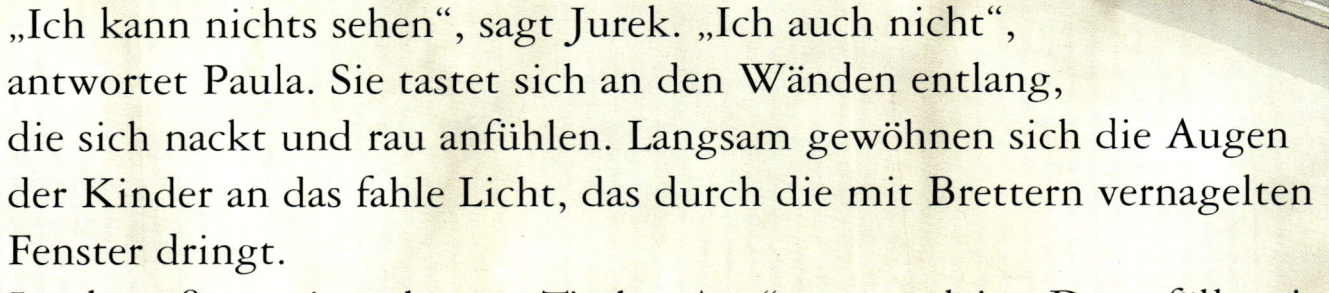

Jetzt erkennen Paula und Jurek ein zerfetztes Plakat, das an der Säule klebt. Darauf ist ein kleines Mädchen zu sehen mit einem roten Hutband, das sie munter anblitzt. Hinter dem Mädchen sitzen zwei Damen. Sie sehen sehr fein aus. Weil die Stimme des Mädchens so freundlich und hell klingt, wagt Jurek zu fragen: „Hast du einen kleinen, roten Ball gesehen?"

Das Mädchen schüttelt den Kopf. „Nein, aber ich kann euch doch helfen ihn zu suchen." Es streckt ihnen die Hände entgegen und schaut sie bittend an. Paula und Jurek verstehen. Sie greifen nach den Händen des Mädchens und hopp! springt das Mädchen aus dem Bild heraus. Paula staunt. Das Mädchen ist größer als sie und sehr hübsch angezogen. So ein blaues Kleid, so weiße Strümpfe und so glänzende Schuhe hat Paula noch nie zuvor gesehen. „Wer bist du?", fragt sie.

Das Mädchen macht einen Knicks und stellt sich vor: „Ich heiße Ria Deuster und hänge seit einer halben Ewigkeit dort oben." Sie zeigt auf das Plakat. „Und das da sind", sagt das Mädchen leiser, „meine Mutter, Maria Deuster, und meine Tante Luzie."

„Ich heiße Paula", sagt Paula. „Und ich heiße Jurek", sagt Jurek.
Die Kinder lächeln sich an. Dann beginnt Ria im Raum umherzugehen.
„Meine Güte, das ist ja noch schlimmer, als es von da oben immer ausgesehen hat." Sie fährt mit der Hand über die alte Kasse.
„Nichts als Staub und Dreck!"
„War das früher einmal ein richtiges Geschäft?", will Jurek wissen.
Ria nickt. Ihre Augen glänzen. „Ja. Ein wunderschönes Geschäft."
Sie zeigt auf die Regale an der Wand. „Hier lagen Wollstoffe, Glanzstoffe und Baumwollstoffe. In vielen Farben, mit schönen Mustern und in allen Preisklassen."

Jetzt zeigt sie auf die Schubladen. „Hier waren die Litzen und Bänder untergebracht. Auch Garne und Nadeln haben wir verkauft."

„Ihr?", fragt Paula.
„Ja, wir", sagt Ria. „Das Geschäft und alles andere gehörte meiner Großmutter Hermine, weißt du?

Im ersten Stockwerk war die Weberei und ganz oben, da hatte meine Oma ihr Büro. Sie war die Chefin!"
„Vielleicht ist der Ball dorthin gehüpft", sagt Paula.
„Oder in den Keller!", sagt Jurek. „Kommt, wir gehen ihn suchen."

„Oh, wie hell es hier ist!" Ria kneift die Augen zusammen. „Könnt ihr den Ball sehen?"
Paula und Jurek gehen kopfschüttelnd den Flur entlang. „Hier ist er nicht."
„Und wie warm und sauber und still alles ist! Bestimmt scheint draußen die Sonne!", vermutet Ria.
Paula überlegt. „Warum?", fragt sie.
„Weil die Kinder bei Sonnenschein immer draußen und bei Regen im Flur spielen, oder? Unser Lieblingsspiel war ‚Himmel und Hölle'. Kennt ihr das?"

Viele Mädchen brachten ihren Vätern, Großvätern oder Onkeln das Mittagessen in Henkelmännern in die Weberei. Manche verdienten sich damit ein paar Groschen Taschengeld, indem sie die Henkelmänner für mehrere Arbeiter herbeischafften.

„Ein Mädchen, Ulla, war eine richtige kleine Geschäftsfrau", erzählt Ria lachend. „Sie hat den Kinderwagen von ihrem kleinen Bruder umgebaut, damit sie möglichst viele Henkelmänner darin transportieren konnte. Sie hat das Verdeck abgenommen, ein Brett über den Wagen gelegt und los ging's. Jeden Mittag pünktlich um 11.30 Uhr kam sie mit der ganzen Karre voller Henkelmänner an die Pforte gefahren."

Paula öffnet die Kellertür. „Geht lieber allein. Ich warte hier", sagt Ria. „Warum denn? Komm doch mit!", bittet Jurek. „Zusammen finden wir den Ball doch schneller."
„Bestimmt spielen die Mäuse schon mit ihm", vermutet Ria ängstlich. Paula und Jurek lachen. „Im Keller gibt es keine Mäuse. Da stehen doch unsere Sandkastensachen!" Zögernd folgt Ria Paula und Jurek in den Keller.

Sie suchen überall nach dem feuerroten Flummi. Im Fahrradkeller, wo die Spielsachen für den Sandkasten und Bobbycars, Tretroller und Dreiräder stehen. Im Heizraum, der ganz warm und dunkel ist. Im Müllraum mit den drei großen Mülltonnen, wo es ein bisschen faulig riecht, und sogar in den zwei Waschmaschinen in der Waschküche.
„Weit und breit kein Flummi", stellt Paula enttäuscht fest.
„Aber auch keine Mäuse", lächelt Ria zufrieden.
„Das war früher ganz anders."

Das Haus, in dem Paulas und Jureks Kindergarten untergebracht ist, ist schon so alt, dass es zwei Weltkriege überstanden hat. Während des Zweiten Weltkriegs flüchteten sich Ria und ihre Familie bei Bombenalarm immer in den Bunker, der hier im Keller war.

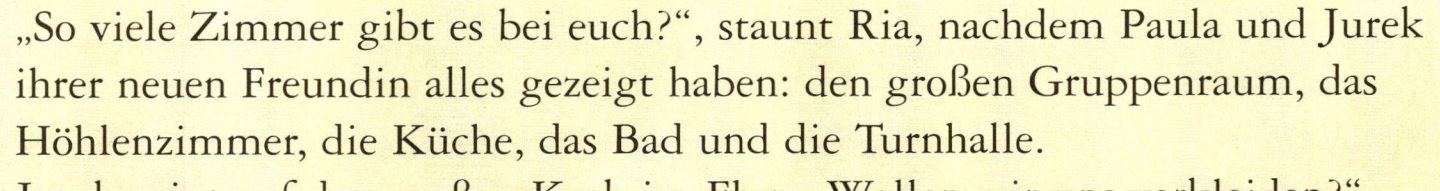

„So viele Zimmer gibt es bei euch?", staunt Ria, nachdem Paula und Jurek ihrer neuen Freundin alles gezeigt haben: den großen Gruppenraum, das Höhlenzimmer, die Küche, das Bad und die Turnhalle.
Jurek zeigt auf den großen Korb im Flur. „Wollen wir uns verkleiden?"
Ria hebt den Deckel des Korbes. Sie holt Bettlaken und alte Hemden hervor, Tücher, Bänder und Litzen. Ihre Augen leuchten: „Genau solche Litzen wurden in unserer Weberei gewebt." Sie hält sich eine besonders bunte Litze an ihr blaues Kleid. „Das sähe schick aus, nicht wahr?" Paula nickt.
„Wir können Indianer spielen", schlägt Jurek vor und hält sich ein Band um den Kopf. „Ich brauche nur noch eine Feder!"
„Wir müssen doch den Flummi suchen", sagt Paula.

Hast du das schöne, bunte Lesezeichen in diesem Buch schon bemerkt? Es wurde auf einem solch alten Webstuhl hergestellt, wie du ihn hier abgebildet siehst. Früher haben sich die Frauen und Mädchen Bänder und Litzen auf ihre Kleider, Hosen und Röcke genäht, um sie zu verschönern. Eine gute Idee, nicht wahr?

Paula, Jurek und Ria gehen zu den Feldmäusen hinauf. Ria schaut zu den Fenstern und erschrickt. „Macht die Vorhänge schnell zu. Die Stoffe bleichen aus!", ruft sie. Paula und Jurek schauen sie fragend an.
„Ach nein", fällt es Ria da ein. „Hier liegen ja gar keine Stoffe mehr. Der Lagerraum wird ja nicht mehr gebraucht."
Fast klingt sie ein bisschen traurig.
„Das hier war früher ein Lagerraum?", staunt Paula. „Wie sah er denn aus?"
Da strahlt Ria über das ganze Gesicht.

„Der Lagerraum war mein Versteck. Hier war es immer warm und gemütlich zwischen den schönen Glanzstoffen, feinen Litzen und weichen Wolltüchern.
Manchmal bin ich in meinem Versteck eingeschlafen. Dann habe ich geträumt eine Prinzessin in einem Goldkleid zu sein. Vor dem Haus hielt eine Kutsche…"

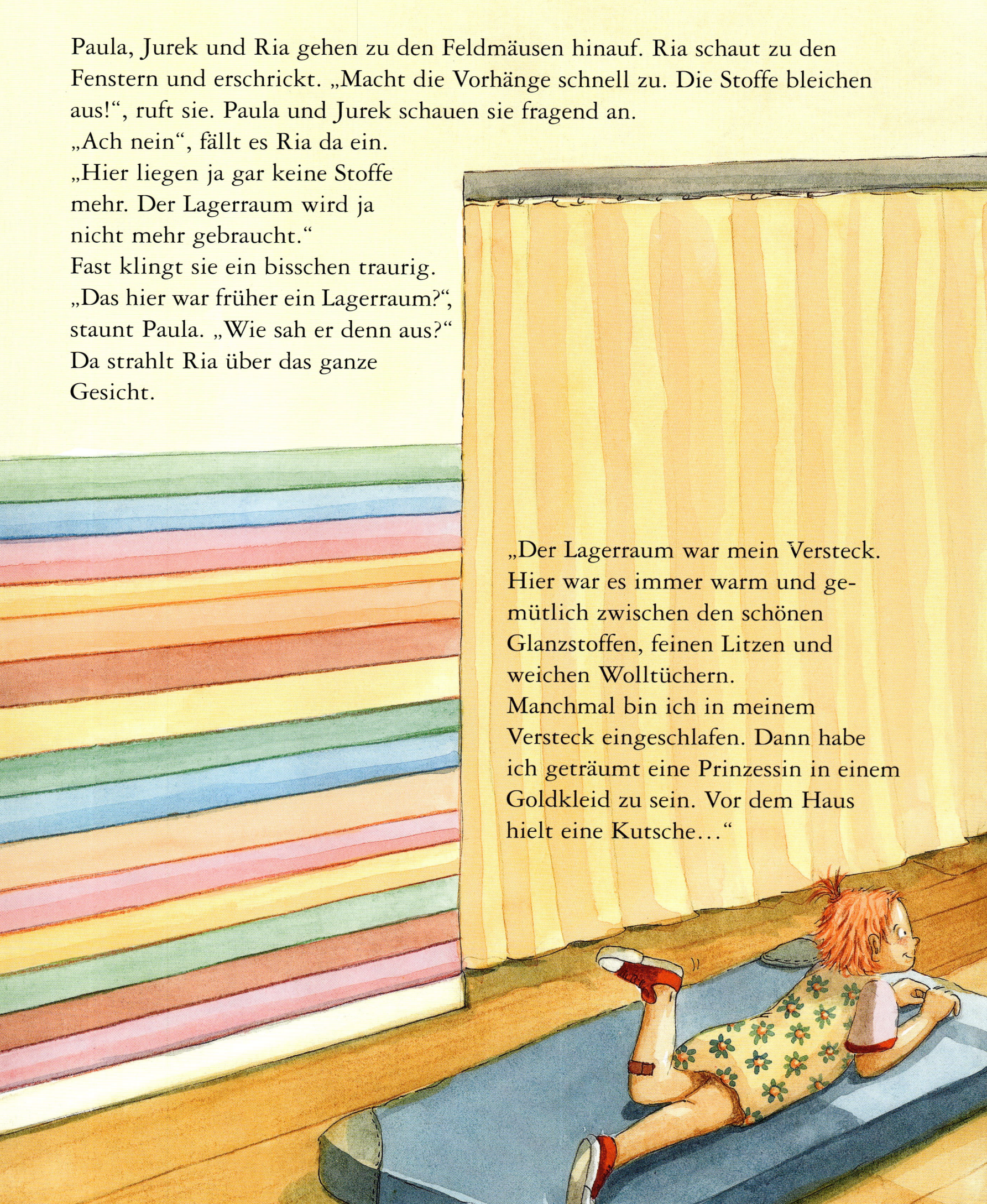

„… das sieht aber eher wie ein kleiner Bus aus!", sagt Jurek. Er kniet auf einem Stuhl und schaut aus dem Fenster auf die Straße hinunter. Paula und Ria schauen ihm über die Schulter. Sie sehen einen Mann, der an der Fassade arbeitet.
„Was macht der da?", fragt Ria. Paula und Jurek wissen es nicht. „Sehen wir nach", schlägt Ria vor.

„Was machst du?", fragt Jurek den Handwerker. Der lacht und zeigt das Schild in seinen Händen.
„DENKMAL", liest Ria langsam. „Was bedeutet das?"
Der Handwerker kratzt sich am Kopf. Dann sagt er: „Euer Kindergarten ist in einem besonders schönen alten Haus untergebracht. Da habt ihr Glück. Seht euch nur mal die Fassade an! Und damit das so bleibt, wird das Haus jetzt zum Denkmal. Ich montiere das Schild an, seht ihr? Denn wenn irgendwo ‚Denkmal' dransteht, darf niemand kommen und daran herumwerkeln oder es abreißen."
Die Kinder staunen.
„So, jetzt bin ich fertig."
Der Handwerker packt den Schraubendreher und die Bohrmaschine ein. „Viel Spaß in eurem Denkmal", sagt er und lacht. Dann zieht er die Haustür zu.
Jurek spürt, wie ihn etwas am Fuß berührt. Er schaut nach unten.
„Da ist ja mein Flummi", ruft er. Glücklich zeigt Jurek ihn den Mädchen.
Paula klatscht in die Hände.
„Jetzt können wir endlich weiter Kaufladen spielen." Ria nickt.
„Ich weiß auch wo."

„Guten Tag", sagt Paula. „Haben sie Bälle?"
Jurek nickt und legt seinen roten Flummi
auf den Tisch.
„Der ist aber schön", sagt Ria. „Was kostet
er?"
Jurek drückt verschiedene Tasten der alten
Registrierkasse und sagt: „Vier Mark."
Ria gibt Jurek unsichtbares Geld, das er in
die Kasse legt.
„Auf Wiedersehen", sagen Ria und Paula.
„Auf Wiedersehen", antwortet Jurek, der
Verkäufer.
Ria gibt Jurek den Ball zurück und schaut
auf das Plakat. „Ich muss zurück." Sie schiebt
einen alten Stuhl vor das Plakat. „Helft ihr
mir ins Bild zu klettern?"
Paula und Jurek reichen Ria die Hand, so
dass sie sich auf die Stuhllehne stellen und
von dort ins Bild springen kann.
„Kommt ihr morgen wieder?", fragt Ria.
Paula und Jurek nicken. „Wir bringen alle
Marienkäfer und Feldmäuse mit", sagt Jurek.
„Und reißen zusammen die Bretter von den
Fenstern und räumen auf. Dann können wir
immer Kaufladen mit dir spielen."
Da hat Paula ein Idee. „Wartet mal kurz",
sagt sie und läuft hinaus. Nach kurzer Zeit
kommt sie zurück. Sie hat drei Filzstifte in
der Hand.
„Geh mal ein Stück zur Seite", sagt sie zu
Ria, „damit ich dir nicht auf den Fuß male."
Dann stellt sie sich vor das zerrissene Plakat
und malt unten in die Ecke ein rot-grünes
Schild. „Schreiben kann ich noch nicht", sagt
sie und reicht Ria den schwarzen Stift hinauf.

Das Mädchen bückt sich und schreibt DENKMAL auf das gemalte Schild. Jurek klatscht begeistert in die Hände. „Jetzt kann niemand kommen und dich einfach abreißen."

Vor mehr als sechzig Jahren stand Ria auch schon hinter dem Verkaufstisch. Damals hat sie allerdings nicht Kaufladen gespielt, sondern musste ihrer Mutter beim Verkaufen richtig helfen.

Ein Haus und eine Straße mit Geschichte
Ein Nachwort an alle „großen" Leserinnen und Leser

Die Kinder Paula, Jurek und Ria in der Geschichte gab es nicht wirklich. Wir haben sie für diese Geschichte nur erfunden. Aber das Haus, in dem die Geschichte spielt, gibt es. Es steht in Wuppertal in der Hofaue 67.

Angefangen hat alles vor über 100 Jahren (1897), als der Textilfabrikant Simon Wolf in der Hofaue 67 eine Fabrikationsstätte für Knabenbekleidung errichtete. Die Firma hieß „Wolf & Bamberger", war modern und das neue Haus entsprach der Architektur der Zeit. Die Stadt Wuppertal gab es damals noch nicht, sie entstand erst 1929. Die Hofaue befand sich in der Stadt Elberfeld und war die wichtigste Textil-Handelsstraße weit und breit. In dieser Straße gab es etwa 200 Unternehmen des Textilgroßhandels und der Konfektionsindustrie. Alle befanden sich in vornehmen Geschäfts- und Fabrikationshäusern im Stil der Jahrhundertwende. Unten waren die Verkaufsräume, in den oberen Etagen Näherei, Zuschneiderei und Stofflager. Man arbeitete sozusagen von oben nach unten.

Das Besondere an dem Gebäude in der Hofaue 67 war, dass auf künstlerischen Fassadenschmuck weitgehend verzichtet wurde. Es gab nur wenige Skulpturen und manchmal wurden Brüstungsfelder betont. Die Hausfassade war also ganz schlicht und funktional. Sie bestand aus Pfeilern und Glasflächen, die nur durch die Geschossteilungen unterbrochen wurden. So entstand das rein konstruktive Eisen-Beton-Gerüst, das mangels Raum kaum noch die Möglichkeit der Schmuckanbringung zuließ. Das war ganz typisch für die Warenhäuser, die in dieser Zeit entstanden.

Nach dem Ersten Weltkrieg erlebte die Firma „Wolf & Bamberger", wie viele andere Unternehmen auch, schlechte Zeiten und musste sich – nun unter der Leitung von Otto Weyl, einem Nachfahren des Firmengründers Simon Wolf – verkleinern. So zogen zwei weitere Textilfirmen in die Obergeschosse der Hofaue 67, nämlich die Modewarengroßhandlung „Alfred Schnock & Cie" und die Wäschefabrik „Wilhelm Hammes".

Zwischen 1931 und 1933 änderten sich erneut die Besitzverhältnisse. Wir wissen aber nicht genau, ob die nun entstehende Firma „Max Lewien & Weyl KG, Leinen, Futterstoffe und Baumwollwaren" wirklich ein neu gegründetes Unternehmen war oder ob der alten Firma ein neuer Name gegeben wurde. Sicher ist jedoch, dass der Partner Otto Weyl 1932 verstarb und sein Sohn Walter, der in Mönchengladbach, einem anderen Textilzentrum, wohnte, das Erbe übernahm.

Nach der Machtübernahme durch die Nationalsozialisten bekamen die beiden jüdischen Geschäftsinhaber große Probleme. Die Firma wurde „arisiert", d.h. sie musste von den Besitzern für eine geringe Summe verkauft werden. In die Geschäftsräume im Erdgeschoss zog eine Papiergroßhandlung ein (August Remy KG). Das Gebäude selbst gehörte jedoch noch bis 1939 Walter Weyl. Walter Weyl entkam der Verfolgung, gelangte nach Australien und eröffnete dort einen Fleischhandel. In den 90er Jahren des letzten Jahrhunderts besuchte er noch einmal die Stadt und das ehemalige Firmengebäude.

Max Lewien blieb mit seiner Familie zunächst in Deutschland. Seine Frau war „Arierin" und die „halbjüdischen" Familien waren zu jener Zeit nicht so großen Repressalien ausgesetzt wie rein jüdische Familien. Die Lewiens hatten drei Kinder und bewohnten ein Haus im neuen Villenviertel am Zoo, das damals auch von anderen Firmeninhabern der Hofaue bevorzugt wurde.

Aber auch die Familie Lewien wurde nicht von der Verfolgung verschont. Einiges aus dieser Zeit wissen wir durch Aufzeichnungen und Briefe einer Freundin von Jutta Lewien (1919–1942), Max Lewiens Tochter. Während es den Geschwistern gelang, rechtzeitig ins Ausland zu flüchten, blieb Jutta Lewien bei ihrer Mutter in Elberfeld, obwohl 1941 bereits eine erste Aufforderung zur Deportation erfolgt war. Da sich der Name des Vaters Max nicht auf den Transportlisten der Vernichtungszüge befindet, ist es ihm vermutlich gelungen, Deutschland rechtzeitig zu verlassen. Sein weiteres Schicksal ist unbekannt. Jutta Lewien „mit aschblondem Lockenhaar, blauen Augen, schlank und sportlich, hübsch und gepflegt" – so ihre Freundin Hannelore Bell – wurde Ende 1941 nach Izwicza bei Lublin deportiert. Kein Wuppertaler hat Izwicza überlebt.

In der Hofaue 67 war unter dem neuen Besitzer eine Handweberei eingerichtet worden. Der Großteil der Flächen war für die Fabrikation von Wäsche vermietet, wahrscheinlich mit der vorhandenen technischen Ausstattung. Mit Kriegsbeginn 1939 wurde in den Kellergewölben des Hauses ein Luftschutzkeller eingerichtet. Das bot sich an, denn das Haus hatte zwei Tiefgeschosse. Bei den Bombenangriffen im Sommer 1943 wurden die beiden Nachbargebäude zerstört. Das Haus Nr. 67 erhielt auf der Seite Hofaue einen erheblichen Schaden, blieb jedoch insgesamt erhalten und wurde weiter genutzt.

Auch nach dem Krieg befanden sich im Gebäude überwiegend Konfektionsbetriebe und Textilhandlungen. Der schleichende Niedergang der Textilbranche ab den 60er Jahren brachte nun jedoch andere Nutzer ins Haus. Eigentümer war weiterhin der Nutznießer der „Arisierung". Erst 1985 wurde das Haus über eine Immobilienfirma zum Kauf angeboten. Mehrere Architekten entwickelten Nutzungspläne. Das Haus wurde nun zu Lagerzwecken, als Wohnraum für Asylbewerber, in der unteren Etage für ein Sportgeschäft, einen Frisör und andere Einrichtungen unterschiedlich genutzt.

Die Wende kommt 1992, als die Stadt Wuppertal neue Eigentümerin des Hauses wird. Es kommt jetzt eine grundlegende Rekonstruktion zustande, an der das Land NRW maßgeblich beteiligt ist. Das Architekturbüro Hoppe versucht die ursprüngliche Bauweise zu rekonstruieren und setzt die Fassade instand, legt den Eingangsbereich zurück und das Treppenhaus sowie die ursprünglichen Fensteröffnungen frei. Das Schicksal des Hauses sollte jedoch sichtbar bleiben: Am rechten Teil der Fassade über dem Eingang Hofaue sind auch nach der Restaurierung die Spuren des Krieges geblieben.

Der Umbau des Hauses war ein Pilotprojekt. Zum ersten Mal wurde in NRW ein denkmalgeschütztes Gebäude mit Landesmitteln als Einrichtung für Kinder umgestaltet. Infolge dieses Projektes wurde dann ein entsprechendes Landesprogramm aufgelegt, mit dem in einem Zeitraum von sieben Jahren über 100 Kindertagesstätten gefördert wurden. Das Pilotprojekt fand in der Öffentlichkeit großes Interesse: Es gab mehrere Fernsehberichte und zur Eröffnung kamen neben den Vertretern der Landesregierung von Nordrhein-Westfalen auch der Bundesbauminister sowie die Bundesministerin für Familie und Gesundheit.

Seit 1994 steht das Haus vor allem allein erziehenden Müttern zur Verfügung. Es beherbergt im Parterre einen Kindergarten, in der ersten Etage eine Kindertagesstätte und Verwaltungsräume sowie darüber 10 Wohnungen für allein erziehende Mütter.

Reiner Rhefus und Monika Bistram, Stadt Wuppertal